(El) Cante jodido

Luciano Prado da Silva

Sabiá Editorial

2022

Publisher | Raimunda Nonata Martins de Oliveira

Projeto gráfico e diagramação | Sabiá Editorial

https://www.sabiaeditorial.com.br/

Capa | Sabiá Editorial

DADOS INTERNACIONAIS DE CATALOGAÇÃO (CIP)

S586

(El) Cante jodido / Luciano Prado da Silva – Rio de Janeiro: Sabiá Editorial, 2022.

ISBN: 978-65-88372-04-3

1. Literatura. 2. Poesia. 3. Translinguismo. 4. Literatura latino-americana.

CDD 890

Sabiá Editorial

https://www.sabiaeditorial.com.br/ | sabiaeditorial@gmail.com

Sumário

NOTA À PRIMEIRA EDIÇÃO

Pensar a poesia na contemporaneidade é também se utilizar de novos suportes tecnológicos, essa tem sido uma tarefa desempenhada com sucesso nos últimos anos e é possível perceber algumas mudanças e inovações nesse campo de interações. Contudo, é sempre pertinente apontar que a poesia tem sua origem na oralidade, ou seja, seu suporte primeiro é a voz do poeta. Assim, muito se discute acerca da função da poesia na sociedade e estima-se que sua função seja esta: cantar seu tempo e promover novos olhares para o futuro. É assim que se apresenta *(El) Cante jodido*, uma obra composta em diferentes idiomas e em diversos suportes de circulação (além do livro escrito) para os poemas.

Com tal proposição em mente, esta obra apresenta poemas com intensa marca de oralidade em sua composição e, por essa razão, disponibilizamos um código de resposta rápida (QR Code) que direciona para o áudio de alguns desses textos na voz do autor. Dessa forma, o leitor tem a possibilidade de contatar o poema de diferentes maneiras, podendo assim gerar diferentes interpretações acerca de uma mesma poesia, o que, a nosso ver, enriquece bastante a leitura.

Pretende-se, com isso, proporcionar aos leitores outras oportunidades de experienciar a poesia, o que significa também uma forma de acessibilidade para pessoas que têm dificuldade de leitura. Ademais, fica aqui o compromisso de disponibilizar os poemas em

Libras, em Língua de Sinais Mexicana (LSM) e em Língua de Sinais Americana (ASL), nas futuras edições deste livro. Portanto, *(El) Cante jodido* é uma obra que se mostra sensível a seu tempo e à História, propondo um olhar distinto e livre para os contemporâneos e para as futuras gerações, considerando suas inquietações e as da sociedade.

Nonata Martins

(El) Cante jodido

Poema 1

Ahogándome

(A Gabriela Aguirre)

Entran hojas
por to'los agujeros
por todos los espacios posibles,
to'las rendijas

Entran y se escapan de mi control
a cualquier control
por más que yo insista
con ser su barrendero

Entran secas
y les acompaña ahora
una arañita
y un pelo
no sé si de perro
o de gato,
más tarde me dirá
una alergia

Entran en medio a
y ya mero en el medio
del camino yo desisto,
pues…

se acumulan

y a la suciedad
en fin yo me
entrego

Entran secas
las hojas del desierto,
este espacio inmenso
que hay
y habita en mí...

Palabras...

Doem-me as pernas, doem em mim as pernas
Qué lengua que hablo? What's my language? (Lo literario)
Pues me duelen las piernas
de tanto andar de uma língua para outra
Pois, sim, hay meu porto seguro, la lengua primera
meu ponto de partida, con la cual soy casado
But, las dos que la siguen, ay amantes tan seductoras. Aunque, incluso
entre esas ambas dos terceras a una le guste more than the other
¿What is my lengua?... (Me muero de amores)
Lo literário

I.

A veces le faltaban palabras
Las que venían, quería
que vinieran del cerebro
Pero ellas seguían (e insistían)
viniendo del alma...

2.

Quería un texto con palabras
que viniesen del cerebro
Pero ellas seguían (e insistían)
viniendo del alma...
Desde lo más hondo
de su
apátrida alma

3.

Me quedo con tu risa,
Aunque siga sin palabras
Me preguntabas de dónde venía tanta inspiración, esas no palabras
Y te digo, ya no sé
Siguen viniendo desde el alma
De lo más hondo de esa
Apátrida alma.

E então, quando é que eu volto? E então?

Hay correos a contestar, trabajos a corregir, alumnos con quien hablar y

aprender, aprender y aprender... Pero, el alma... Y entonces, cuándo es que

vuelvo, cuándo es mi vuelo? Y eso? He entonces, es entonces?

La verdad, el alma esa mi alma hace tiempo me pasa algo algo pasó y el alma

esa mi alma hace tiempo que está entre ambos estos dos, flotando,

caminando

Entre el águila y la serpiente...

Soy un nopal, no soy normal

Soy el nopal.

Há um eu, esse eu, que não quer mais voltar. Pero ese yo, que soy yo, dijo él:
oye, carnal, enseña ahí las últimas fotos y así de muy pronto, listo el pollo,
habrás regresado el alma a tu pinche país...
Ay, pienso que ese yo que soy yo,
en verdad la neta la mera la más pura verdad, ay... pienso... creo... ese yo,
pinche yo, a mí no me conoce...

Y en estos momentos en eso estoy metido yo
en un río de voces
ese entroncamiento el que se cruzan
colonización e imperio
dos, tres lenguas
un caudal, el caudal, mi caudal
cultura de masas, pop culture,
la pop music y mi translinguismo mata'o
empiezo Michael, paso a Patrícia
y luego muy pronto a José Feliciano
Y ese me encanta me encanta me encanta

... ...

qué amo es la lengua
pero qué lengua es la mía?

Ay,
mi trasnlinguism matao
my mata'o translinguism:
en estos momentos
como te dije, (cómo se dice?)
ciego que estoy
"I Wanna Be Where You are"

en esa big cool music radio

(https://www.youtube.com/watch?v=2oiACiswKaY)

Y gira el tiempo

pero es que llega un momento
en que todo es cansancio
ya no le sobran las ganas
para nada...
o para nadie

a este punto llegamos
y ahora? y ahora?
te lo pido, te lo ruego, te imploro
y aconsejo...

descansa en paz

es que ya era tarde muy tarde
y temprano, nos fuimos
uno a uno
uno tras el otro

De joven, sonreía
sin embargo, vino el tiempo
y se les llevó
a todos,
todos todos todos

era ahora la hora
eterna
solo del tiempo
y él,
mientras pensaba la muerte...

La risa

Tempo, tempo, tempo
Como se dribla o tempo?

Tempo, tempo, tempo
Como se ganha o tempo?

- Yo te contesto, Yo te respondo (I just answer):
"Sorry, no hay como. No hay como."

Quehacer

Y sobre lo de escribir en otro habla? Qué quieres que te diga yo?

Pues... a veces ellas vienen... bailando, flamencas... delante de ti.

Otras, se insinúan... en chingue... y chingue... y chingue en la mente,
hasta que se vuelvan borrosas
en tanto ideas...

... o memorias inexistentes...

Para ambos casos,
oye:
es disfrutar
O morir en agonía

Las escucho
Yo las veo
Y las siento
Insistiendo, todo el tiempo:

"Somos tuyas,
Eres nuestro,
Qu(i)é(n) (te) espera(s)?

Ay, por favor
no
desespera:

Ven
Nomás ven
Y baila
Nomás
baila"

.

1993 (o) En el laberinto del tiempo

Él la tomaba en los brazos,
chiquilla que era,
y giraban felices.

A los 42, ella murió.

Hoy, a los 47,
Se acuerda que
una que otra vez
Lo ataca también
una tal laberintitis

No obstante,
Hacía tiempo no lo sentía

Pero fue lo de darse
El hecho de que leyó de su padre
la simple frase:
"Sua mãe ficaria muito orgulhosa de vc!"
Y así, casi de la nada,
todo volvió a girar...

Cante Jodi'o

(o)

La línea de (no) llegar

Cante
  cante,
    cante

Cante (de los) jodío(s)

   Cante,
    cante,
     cante

en la línea
  de (la no)
   llegada

Cante,
  cante,
  el canto

en la línea
  de
   (no)/
    (jamás)/
    (nunca)
      llegar…

(A Tomás Rivera)

Jodi'os que somos (o estamos) nosotros

¿hay o no hay frontera? A o no way barreras
Hay frontera or no hay frontera(s)?
The border, camino
Y no llego, nunca llegamos
Me: brasilero, and tú? Merenguero
Me, mejicano y you, brasileiro
Pero oye decime
Cuándo llegan los latinos?
Quiénes?
Los latins
Italians?
No. Hey, Mex:
The latino-americanos.
¿Y eso? ¿Quiénes son?
Cross border. No brother, m'hermano

¿Soy latino o qué soy yo?
An Americano, sin papel
En la Babel ilusoria del desierto a la línea
Y desde el border hacia la pérdida
Hasta el "que cheguemos"
Aunque de hecho nunca nunca llegamos,

Y se murieron las chicharras

Llegaremos antes de la lluvia. Antes de la lluvia llegaremos, mi hijo. Adónde llegaremos es otra cosa, pero sé que sí llegaremos, mijo.

El viento que vienta viento es fuerte y bravo, pero por si Dios me lo permite yo te tomo en mis brazos y llegamos antes de todo, aunque tanto hayas crecido mientras yo sigo ese muy flaco.

El aire que viene es frío y miedo, si bien también bonito y no para haciendo chirriar el árbol aquel árbol y sus hojas y vainas muy secas, todas secas (¿o son cigarras las que trinan en vez de cantar?).

Llegaremos, sí llegaremos. Adónde yo ya te digo, a nuestra casita, mi hijo. Sí, nos la prestaron. Por cuánto tiempo, es otra cosa. ¿Si hay comida?, te lo repito al igual es otra cosa, ello es otra cosa también.

Pero hay quienes aquellos que no tienen casa, y eso por ahora mientras tanto ello nosotros tenemos.

Llegamos. Mañana pensamos el pan. ¡Abrázame! Abraza a tu padre, mijo. Ve: llueve. Y aquí estamos nosotros. Llegamos

Estos hombres que cantan,
cantan como los hombres
cantan los hombres

Estos hombres cantando
son nomás hombres
cantando hombres

Son hombres gritando
en la grita gritando
a oscuras gritando
encogidos,
así de muy bajito

el deseo el anhelo el hambre
la vergüenza el orgullo
en anhelo y deseo
con lo/en lo de ser mujer, de
mujer ser

como hombres que
cantan
        (¿quiénes cantan?)
cantando como mujeres
            cantan
                lo único

de ser así de tan varia(s)
           lo único
        de ser
      mujer(es)
         y
      mujer
              y

          [morrer...

quando não quero dormir,
eu não durmo
e não durmo
e não durmo

até que quero dormir
e não durmo
não durmo
não durmo

foi então que me veio o sono
falando assim em línguas
(ai, vigília)
pero, me muero
y todavía
no me duermo
no me duermo
no... me... Duermo

Yo tengo un narrador, ese que no calla. A veces quiero callarle o sabrá Dios
ahogarle, matarle darle con el hacha en la cabeza, en fin.

Se me parece a un perro que tuve, pues ladra y ladre y ladre si bien no muerde,
a veces sí.

Y es cuando yo me acuerdo por entero, yo nunca tuve perro, yo nunca tuve un
perro...

Pero es hable and hable y hable, pues que tengo ese narrador quien, yo
reconozco, quiere voz, darme un nombre y

matarme

Disonante tango, disonante cante

Montones de cosas que no sé sobre ti
no sé sobre ti, no sé sobre ti
Montones de cosas que piensas saber sobre mí
pero no sabes ni, pero no sabes ni
Qué piensan los otros saber de nosotros
y he que no saben nada, ellos no saben nada, no sabe nadie
No saben siquiera al llegar la madrugada
(la mera palabra
hecha pa rimar,

pa rimar con nada)

No saben y vuelvo a lo de que nos saben poco
pues nos desconocen como animales
de las madrugadas, de las madrugadas
ay, esas las mismas y mías y tuyas
y de las cervezas, Uy de mis botellas
Ay mis dos cervezas

Y cuando a ellas me entrego,
cuánto de mí las entrego?
es cuando me llevan a la cama,
la misma en que allá tú estás,
o la misma en que allá estás tú?
Me acerco me acuesto y te doy mi palabra,
esas mil palabras
de todas las veces de anoche, ayer, anteayer

No obstante, como no sé de ti, tú no sabes mi…
y pronto así
de muy pronto así
Nos abandonamos y nos abrazamos,
tu pierna en la mía, tu piel tan mía
cariño ronquido y sueño,

(en)sueño
al fin, en fin
en sueño estamos
solos y llenos
de con montones de cosas
que tú no sabes mi…
and yo...
tampoco a ti.

La muela que duele

Cuando llega la noche,
la muela me duele,
me duele la muela

Cuando entra la noche,
la muela que duele
es la muela derecha

Pero es tanto
que me duele la muela
que a veces parece
mi muela izquierda

Cuando sale la noche
se me saltan las horas
olvidado el dolor,
ya no siento las muelas

pues soy puro aguardiente
amarillos mis dientes
ya no más me incomodan
ya no más me molestan

'tons
me doy cuenta de todo
mis muelas me dicen
pa más nada me sirven

sino como aviso
como quien avisa
como que avise:

cuando duele la muela,
si te duele la muela
es llegada la hora
aquella de

la borrachera

(o te entregas a tu edad,
o te percatas de tu condición
de jodido en el mundo...

Latin canción

El agua helada del río
con poco tiempo comenzó a helar,
a cada paso que daba
más helada el agua quedaba

Y entre más andar intentaba
más helada el agua del río quedaba
Es que helada helada el agua del río
mientras cada vez más lento yo caminaba

uno a uno, uno tras el otro
to'los güesos de mi cuerpo
el uno tras el otro
el agua helada del río
a todos ellos
el agua se los
rajaba

Soy hoy en fin esa estatua
la que dicen símbolo,
la que llaman symbol
de los que se lanzan al agua helada
al agua al agua el agua helada

a esos quienes
suelen llamarnos
wet back ,

espalda(s) mojada(s)

s

Ay, Dador de la vida
que te lo creo
que te lo ruego
¿Qué yo te pido?

[Cuida el Moisés indio
que en la cuna de paja
           helado
               cruza el río...

Narrando voy

El tono perdido
se lo perderá
mañana mamá

El tono perdío se lo perdí yo
pero, ¿será que mañana,
de hecho, se lo perderá
mañana mamá?

El tono, mi voz
esa voz llena y rellena
de tonos, acentos… es más

Mi tono, ese yo narrativo
quien (me) narra en otro habla
quien (me) habla en otras alas

La voz, esa voz
eh, ¿pa quién es?, ¿quién es?
¿A quién pertenece?, ¿me es?

El tono, aquel tono
¿Lo he perdido yo?, o
¿lo perderá mañana mamá?

¿Se me lo permites?

por si lo permites,
poniendo-me-pongo

Entre mil palabras,
otras mil respuestas
y ninguna ninguneando
        estas
            o
            aquellas…

É preciso dormir, bem
porque se você não dormir,
quem dormirá o teu sono por ti?

É preciso dormir, vem
porque se acaso o ocaso assim não quiser,
quem quererá o teu sono dormir?

quem dormirá, hein?
quem sonhará zen?
quem domará os teus sonhos, enfim?

pero vendrán las pesadillas
tons,
pa qué dormiré, eh?

Trabaja este trabajo mañana trabajarás
Escúchame,
yo te imploro

No. Ay, Catrina, no!
No. Ay, Llorona, no!
No (h)ay, Virgen Morena, no!

Por Dios, por la Virgen Santa,
Ave Tonantzin
María Coatlaxopeuh

Quien les ruega ahora soy yo,
ese a quien no hace falta
acostar pa cerrar los ojos

aquel a quien no le gusta
eso en que insisten,
lo de dormirse uno

Sin embargo, el canto sigue
En portugués cursi,
En español "chulo",
Lenguas en mí
equivocadas de rumbo:

"Duerme"
No!
"É preciso"
Hein?

"Porque,
en caso de que..."
Ok...
"Cómo?!"

He soñado, mañana soñé
Mamá me llevaba
a la cama llevaba
la sábana oliendo a infancia

Catrina soñé,
Mamá yo soñé
Y ay,
Ay Llorona

Nunca más desperté

Sobre estos que andan sin rumbo

My té
My tea
Mi tererê

Maitê
Maitana
Maitane,
    nombres alhures

Si quieres irte
a lugar algún
  quédate en las palabras
solo en las palabras

Quédate en lo de quedarse
    en lo de quedarte
    que a queda é caída

and these my crosswords
  ese mi deletreo,
      my tartamudeo
      traba lenguas que en mí
                    fluem

      as fuel
burning in my soul,
        my poor soul
showing me quem sou

        And
      Who am I?

Si té, ¿soy Chihuahua o
              porteño?
Si tea, ¿El Paso
          o Ciudá Juárez?

Pero, por si tereré
        quizás
  never more brasilero

        and sí
        Ay té
          my turn
        ¿I done?
pensamientos algures

  augurando estar
(y ser)
      ese ningún lugar

        huecos
  que en mí habitan
vacíos que en mí rellenan

  crossing my words
        elevándome el alma
pois sou to'los espacios por que pasé

tant(o)as palavras,

tant(o)as culturas
whatever it takes
em mim

clavadas,
  grabadas,
    ancladas,
achadas,
        perdidas

o no

Torpes rimas de Castilla y Allá

Estoy en todas partes
Língua de mouro, língua de árabes
I'm in everywhere
Allugha(t) almaghariba(t), allugha(t) al arabiya

Lengua de guerra y de pasión
Lengua de sangre e invasión
Soy Mebarak y Alcalá
Crezco a cada day, day after day

Cuzco a cada say
Pues me dicen incluso
Que ya no sé
Cuántos incas
Eu já matei

Me llaman nacional
Ya sea en Guinea,
Ya sea en Hispanya

Aunque allá, oficial como yo
Haya otras romanças
La verdad, tan españoles
Y tan bonitas, ay caray, como yo

I'm in everywhere

I'm in todas partes
Lengua de moros, lengua de árabe
Día de Muertos, judía y mozárabe

Hay de mí in Abya Yala
Ay de ti que ya no habla
I'm Latin in USA

But ese mismo EE.UU
Quien tal una culebra yo ya maté
Es hoy nuyorican, mayombe bombe
Chicano and espanglês

Vai, Vá, Go Puerto Rico
Hasta tu Independence Day
Pues la misma lengua que mata
Proclama a la vez Libertad

Y si lloro hasta hoy
Esas Guernicas, eses Guantánamos
Guantanameña,
Acordá:

I'm in everywhere
Porque soy todo parte
De este cristal roto:

Lengua de muerto, Lengua de hambre
Lengua de menstruo, la fe que me consume
Lengua de violadas,

de mujeres y travestis

[asesinadas

Lengua de vidrio y de cristal
Soy mil pedazos
and mil canciones

Abro mis brazos y
Pese a que me maten
En las favelas, en las escuelas
Mis asesinos no saben,

Yo, idioma niño que estoy
Cual la serpiente que se enreda en un palo
Cual la víbora que se finge muerta
Bajo el pie del águila

Yo, de Mebaraks y Alcalás
Sigo siendo
el porvenir
de tanta y casi
santa

Historia

and

I am

– no nos cuesta repetir –

Allugha(t) almaghariba(t), allugha(t) al arabiya

اللغة مغاربي، اللغة المغاربة

Luciérnagas

Si apagaron las luces?
sí
Y eso
Sí, se apagaron las luces

Así, ansí, ah sí
Desde entonces,
Luciérnagos somos

Quisiera entonces poder saber
qué es eso de lumen

Se apagaron las luces?
Por si de hecho
por si se apagan las luces
quién, por qué carajos
ha dejado de pagar por
la luz

La luz viene de dentro
De dentro hay que sacarla
Nos dijo a nosotros
el pastorcito

Si bien yo sepa,
ay pastor

que en tu casa
tú tienes luz, "amor" y pan

No obstante
y si yo
se te apagara las luces,
qué me dirías?

"Ay, oveja
Toma este saber
como préstamo:

Porque
oh, oveja
en este caso
yo te explicaba en fin
qué pinche cosa
es eso de lumen"

Busca la verdad
que Ella
Te ilumina(ja!)
sí, te ilumina

A diario

Al fondo, ladran los perros.
¿Qué quieren los perros al ladrar?
Anuncian el inicio y peso del día, todo santo día:
buen día al Hombre en su día a día.

Se lo tomaron el lugar de los gallos
muertos en las riñas,
tomando el lugar de los perros.

"Buenos días"
dijo la viejita a las seis
(siete, tal vez).

Enquanto não chega o coiote

Mientras no llegue el coyote,
   los perros aúllan
 antecediendo persecuciones
a gatos más callejeros
            y mucho más ligeros
                     que ellos.

   Mientras no llega el coyotl,
la perra de Roma
          sigue amamantando
            a cachorros de hombre
hambrientos de hambre.

Antes de que llegasen coyotes,
  Ahí viene Xoloitzcuintle, el nahua
   a ser tu guía al inframundo
          (¿Lo querrás?)

  Mientras te lleva a la frontera,
   Chihuahua, el pequeño
 entre chino e hispano,
       mitad tolteca, mitad maya
o quien sabe rarámuri-tarahumara

 Ahora bien, volvamos a lo que aquí nos interesa:
       ¿No oyes los gatos

                maullando
                        en Juárez?

Es la migración:
        Y vienen ellos de Guatemala,
    de Honduras, de Brasil,
        del mismo México
                y tantas otras partes
                    de Abya Yala

    Discúlpame por si confundo las gentes,
pero es que eran tantos pueblos
    peleando, comiéndose, adorando,
                            [conviviendo
            o intentando

Así que vuelvo y te digo,
    Ahorita vienen ellos todos migrando,
    de nuevo migrando

            Y…
Migran los gatos maullando,
    y viene la perra amamantando
a mujeres, niñas
        y hombres hambrientos de hambre

        Hasta que,
            delante del muro
                se apapachan
        Xoloitzcuintle and Quetzalcóatl

Allí (o allá), les espera en fin un coyote,
quien les habla a todes:

"Vamos. Volvamos."

AHORA BIEN,

PAUSA DRAMÁTICA PARA UN
DOLOR QUE SOLO PUEDE SER
DICHO, HABLADO PENSADO
POR ÉL EN PORTUGUÉS.

É que...

Os zóio, magoados do tempo,
embaçavam as imagem
Com o tempo, com o passar do tempo
Via e não sabia mais quê

Preto azul e opaco
Opaco azul e negro opacado

Grau?
Glau
Glau-
Coma

Por eso, las tomo todas. Esas…

Letras borrachas

1.

Há coisas na vida
que a gente só compreende
após o 5º ou 6º chopp

O grande problema aqui
passa, então, a ser
lembrarmos desse entendimento
dia seguinte,
após a ressaca...

Nunca lembramos...

2.

Mientras todavía me
resta un hilacho de conciencia
yo (te) digo No,
no tomaré este
vigésimo séptimo
vaso de
tequila…

O, no sé… puede que sí…

3.

La verdad es que,
tras la quinta o
sexta cerveza,
ya no te importas
quién votó o dejó
de votar en el
pinche pendejo del
tal de "Capitán"

¿Será?

4. (o) [WTF]

Con intervalos entre
doce, trece años
Joaquín siempre lo repetía:

pase lo que pase,
sea lo que sea,
fuere como fuere,
un bar
es siempre un bar
siempre lo será…

And yo, quien nunca le
abandoné al bar
nunca supe
qué diablos Joaquín
quería decir con aquello…

5. El infortunio del borracho

Y por to'la noche
la mirada de ella siguió así…

                entre
impenetrable y

            entrañable…

6. Letras borrachas

Gustavo entonces nos dijo a todos de la mesa:

- Hice el poema de mi vida.

    Y ansí, se nos pasó la servilleta y, de inmediato,
    se desmayó de cabeza
        en la mesa
       fría
          del bar…

    Tras unos pocos segundos de espanto, quisimos
        (todos afligidos)
      leer el poema
        de la pinche vida de Gustavo…

la servilleta, una vez más pa nuestro espanto… estaba

vacía…

   siempre estuvo vacía

AmoR(es)
(im)posible(s)

O amor
não é só segurança,
oscila,
pende,
vacila.

O amor
não é só esperança,
afirma,
se estende,
termina.

O amor
é feito uma dança,
atiça,
ofende
e encaminha.

O amor
nos transforma em crianças
que brincam
em enchentes
de a(h)-
drenalina.

# Tango

Por si tenemos una chanza, te voy a mostrar (te juro) cuánto te quiero. Por si tenemos una charla, dos copas de un vino muy bueno, vino chileno, 2019, el más barato del súper. Y ansí si de hecho tuvimos la oportunidad, la tuvimos, ¿verdad?, Vino del Puerto, vino del puerto madero, en el restaurante italiano porteño con foto del Brando encarnando aquel mafioso con un pan en cada mejilla. Pero era parte del plan, hacía parte del plan, ¿no? Formaba parte del paquete, el mismo que dividimos mil veces en la tarjeta: ves cómo te quiero? ¿Percibes cuánto a ti te quiero tanto? Pese a no haberme otorgado el placer de la danza allá en suelo ajeno, más extranjero en Buenos Aires que en Chihuahua, sí me lo diste este gusto acá en estas bandas donde ahorita nos sofoca la mano de hierro del autoritarismo una vez más: y, antes de mi lloro diario entrando la madrugada a escondidas, en fin me diste la chanza, bailando, si bien yo no sepa bailar, te agradezco la generosidad, flotando dos pa allá dos pa acá, discúlpame el pie en tu pie, danzando "Mi gran amor le di" mejor con José Alberto El Canario que con el original Beatles Paul.

No obstante todavía sigas así, sin confianza en mí, te prometo entonces el anillo, el mismo que te falta ahora en la mano izquierda desque te puso gordo el dedo la picada de aquel insecto el último día del viaje, ¿te acuerdas? Acuérdate pues nuestra carrera al dar entrada en el hospital lunfardo, lo difícil que fue elegir entre tu dedo y una de nuestras alianzas de boda, nuestras bodas desde siempre tan estable. Sin embargo, aún bajo el duelo de la elección, tu dedo escogí. Es más, vuelvo a lo del principio de este párrafo y pa mostrar, para probarte mi amor te compraré de vuelta el anillo más caro que pueda darnos mi poderosa tarjeta, oro de diez quilates.

Con eso, espero haberte comprobado quién soy, las cosas todas que puedo darte. Aun ansí, en ello insistes, en lo de que esta carta-cuento este mail este tweet-crónica o post a ti no te interesa porque a ti no se dirige. Pues hace tiempo me ves cantando y asistiendo a la prima Tonina, cubana de estados unidos, entonar a quizás quizás quizás e história de un amor y me dices ahora callada soportabas todo hasta que el infierno me deseaste cuando empecé a repetir los refranes ahí de it's been a long, long time. De ahí que, cuando flores te ofrecí, me dijiste tú sabes que a mí no me gustan flores, ¿por qué carajos entonces, eh? ... ... ¿De quién al fin al cabo te estás enamorando?

...

Me imaginé en fin contándote to'la verdad, pues "tolas são as verdades", perdóname el portugués. Pensé decirte: enamorado estoy de mí y el poder que me trae poder darte to'lo cuanto quieras, poco importando las deudas. Pero permanecería en la mentira, pos que sí me importan las deudas. Te cuento y duele al fin decirte la verdad: esa carta ese post-crónica cuento sea lo que sea fuere como fuere la verdad no se direcciona a ti... o no solamente a ti. Ella dirigida está a... a... pues bueno... es pa todos los amantes (era esa la palabra que me faltaba, "amante"), repitiendo, te juro, tesoro, es a to'los amantes quienes, como yo, pasan por encima de sus limitaciones para ofrecer a sus amores anillos, bomboneras, los más caros vinos... y flores...
En base a eso, acepta las rosas y estos pinches clavos del ramo que traigo en la mano: tuyos son, como a ti siempre fueron enderezadas

las canciones
que ando intentando
cantar
      [y bailar.

Tardaré en llegar,
por favor no me esperes

Este poema (a)guarda tu nombre,
por favor no tardes (en) llegar

Llegaré ante(s de)ayer,
Anoche, amor, llegaré

Y en llegando el amor lo haría
Aunque no estés, me imaginaba el amor

Mas, oh, que de tanto esperar
Que de cuando a ti dibujar

      Ay, mi amor
    mi muy mejica amor,
  quizás tú negarías

Mi pleito
En ese plan(o) de las ideas
En este espejo que sí me gustaba,

acaso quisieses,

    (rea)firmar
  el verso
      reverso
de los versos que aquí
  (a)guardan

tu nombre

Strange(r),
                Distopic

and Kaleidoscopic

Love.

Maybe

Quem sabe eu
   soubesse mais de ti
do que de mim

Quem sabe no ocaso acaso
    eu soubera, ai de mim,
    mais de ti
             do que de nós

        Só então assim então
        atados nós
            dois nus lençóis

 tal vez quizá puede que
   mañana por mañana
yo siempre te diría

    Tons,
        mon amour
haz de cuenta que sí
   que en ese érase una vez
  se creó el cuentista
esa novela, culebrón qué sé yo telenovela
    a un yo poético cualquiera

quien buscara, buscase o buscaría
     en rimas nada fiables
imaginarse a este o a aquellos ambos dos

perdíos de Dios,
              en un entre sábanas
       la cama,
       Nos

Pero es que
      mentiras se deshacen,
Anhelos no se fijan
       y tú...
         estoy seguro,

         jamás existirías

(u ojalá que sí...)

Mientras tanto,
hace mucho,
dos calaveras intentando
besarse

¿Si les falta algo?

Seguro:

Amor.

Sonhei que um dia
tu serias minha,,,

Desperté,
    Y era(s) (de) la Muerte,
    dulce calavera.

Coplas - Parte II

Sonhei que um dia
tu serias minha,,,

Desperté,
  Y era(s) (de) la Muerte,
  dulce calavera.

He soñado (que) un día
  yo sería tuyo

 Despertaste,
  y hasta hoy (yo)
        huyo.

Coplas
   ¿qué acoplan?
 ¿qué te dicen,
     cuando digo?

     one day i dreamed:
        that language
(¿or that tongue? - oh my terrible "inglesh")
     would been mine

Coplas
   llenan copas
    que me dicen

ven beberme

Sonhei que um dia
tu serias minha,,,

    Pero

he-
  des-
     per-
       ta-
         do,

  Y era(s) (de) la Muerte,

    cursi poesía.

amoR

Amor que às vezes me mata
me sobra
me fadiga
me castiga
me incinera
me apaga
e, sempre,
quase mata.

Pa' la Muerte

A Ana Cristina dos Santos
(in memoriam)

Cuidar
   Cuídate
     Cuida tu salud
     Cuida tu(s)
           espíri-
                  tú(s)

     Cuidá a a a
¿A ti no te parece
          que tú hablas
              con fantasmas?

     Mientras estés
            entre vivos
       Mientras parezcas
          estar vivo…

     Cuidá a a a
Cuídate,
       cuida tu ciudad
     este inmenso imperio
que es tu cuerpo/mente

Pues mientes cuando dices
  estar cuidán-do-te

¿Qué te parece?
   ¿Qué te (a)parece?
¿Son fantasmas?

¿Fantasmas son?

Ojo en la
     respuesta:
Cuida también
   a los tuyos

Y abraza
a todos
 cuanto(s)
puedas
   abrazar

 Soy la Muerte,
la Muerte soy
      y
   mañana
nosotros dos,
 ese tú y yo

a conversar…

Lo siento

A veces le entraba duro
            el dolor
  duelo, ¿qué te duele tanto
            ese dolor?

Por ello,
a veces le entraba duro
        la bebida
  Tecate Light, Sotol,
        tequila...

Con eso,
sometimes drunk se dormía
    en la esperanza
    de que
      de hecho
        jamás
        otra vez
            despertara

Pero todas las noches
se le volvía el sueño
      aquel en el cual
    se imaginaba
              vivo
        y en eso

sintiendo,
bebendo,
despertando...

y he que pensando
   las vacaciones,
se me viene un sol
   por detrás
      de la mente

   no sé si recuerdo,
      sueño o
         anhelo

pero sé que
   demasiadas
   fueron las lágrimas,
   lluvia incesante
   los últimos anhos

de modo que
  bienvenido seas, sol
sécame el llanto
 y llena, llena,
llena de llamas
 ese mi llano

hazme, tons
  calavera
  adorándote
  de risas,
  memoria
    sin lloro,
lamentos

o murmullo

solo muerte
muerte, muerte
 y sequedad

[en el medio
 [del mero
  [desierto,

ese inmenso vacío
 que ahora y para siempre
  soy yo

*

Y fue que se le dijo Ella pues:

"No, no.
 No hay playa(s)
  del lado
   de allá"

.

Coplas a la luna

My mom is the moon, the moon is my mami
        My mom in the room,
            at the room, veo a my mami

In my car me voy a la route,
    Para desde la route contemplar a la mother
Y my mother, ¿quién es? ¿es la moon?
        Ya no sé, pues perdí el rumbo
                en el medio del camino

    Pero, puede que
            porque
si entre lenguas yo camino
        en algún lugar
        encontré a una moon
quien insiste:
    "yeah, i am
                your mammy".

Media luna
   Media noche
   Mediúna

Media luna
   Media y una
   Mengua, luna

   ¿Crece, luna o
      luna crezca?
que se me crecen
   las muchas ganas
   de (me) hacerte (en) versos

   Pero, perdío el metro
      matao el metro,
   ¿qué se me sobra?
      ¿qué se me resta?
   ¿qué se me falta?

Faltan palabras en ese tu idioma, luna
   Sobran dudas sobre
      qué mera luna eres
en ese pinche 31 de diciembre del 2019
                              en Brasil.

   Por ello,
si me resta el intento,
   luna mera, mera luna
   a ti yo invento,

my dear
  my honey
and sospechosa
      luna.

Cuando entra
 la luna llena,
 Entra con la luz
 del sol
 que la
 rellena

Cuando plena
 la luna llena,
 poetas se embarazan
Llenos de amor y de
          [cansancio

Cuando ajena,
con su vientre lleno,
 adentra dentro
 esa (tu) mirada adentro

En fin, ¿así es?
 ¿A ti dediqué
 versos
 en a moonlight
 canción?

 ¿a moonlight poema
lleno
 de
 la
 luna
 llena?

xxxxxxxx

Es más
La verdad
la neta
la más pura
y mera
realidad

Soy testigo
de que,
te aseguro,
lo vi:

en la Route 66,
justo en el medio
de la mera
66,

un poeta
dio stop en su car
and, hipnótico,
contempló la
luna grande,
rotunda

Y se enamoró de ella,
y se embarazó de ella

Uy, por ello
canta ahora conmigo
cómo es plena la luz
    de la luna llena
dando a ti la luz
    del sol que en la luna
        espeja
        y se te
            rellena

Al fin y al cabo
    te convido,
        no te preocupes
    si me repito

Al fin y al cabo
    canta conmigo
    este canto de amor,
        cal,
            asfalto
            y polvo.

        pues,

    cuando entró en mí
    me llenó de sí
        la luna entera

        xxxxxxx

p.s.:

¿Era un man delante del moon?
 ¿Era él delante del moon?
  ¿O era eu diante del mun-
             do todo
        ante
      mis pies?

Poema fin

(A la poeta Gabriela Aguirre,
pues en la labor de traducirle
este libro ha empezado)

En la labor de traducirte,
        ¿yo me traduzco?
              ¿o te traduzco?

E quem eu sou?
   ¿Yo soy tu Mex?
           Or Tex-Mex?

E eu perdido
    Tua cultura, teu *univĕrsus*
    Teus femininos,
       eu táo menino,
      te desencuentro
          en tus encuentros

Yo soy fronteras
    No soy Frontera
    Y soy tu libro
       y soy mi libro

         (pausa)

Ya no sé quién te (d)escribo
     Si Gabriela,
               la joven vieja
     o Luciano,
            chavo anciano

¿Será soy Prado,
        y tú Aguirre?

¿O tú da Silva,
        e eu sou Sánchez?

Somos distintos,
        muy diferentes
   y tan iguales
   Eres poeta,
     E eu sou bardo

(Stop. Espera)

¡Oh, my brilliant poet!
    I love your poetries
       Me rehiciste
— e se de novo
           meu verso (r)existe —
       it's cause by

   yo ya no sé
   si me traduzco
         ou te
              traduzo.

Me reinscribo,
   me reescribo
mientras
     te escrevo.

SOBRE ESTA OBRA

Esta obra é uma produção elaborada dentro do marco de colaboração acadêmica e de investigação, firmado em 2019, entre o Corpo Acadêmico "Estudios Humanísticos de la Cultura" (Universidad Autónoma de Chihuahua, México) e o Grupo de Investigação "TRANSLIT UFRJ" (Universidade Federal do Rio de Janeiro, Brasil). Dentre as colaborações em curso, estão o estudo e a difusão da produção cultural e acadêmica de autores latino-americanos.

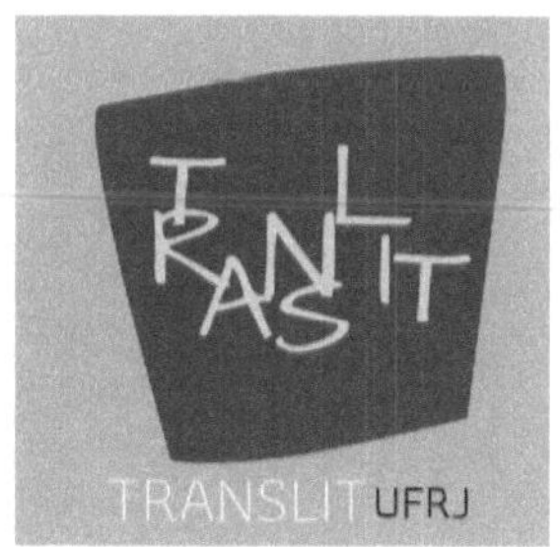